LES
ROUGES

JUGÉS

PAR EUX-MÊMES.

PARIS

GARNIER FRÈRES, LIBRAIRES,

PALAIS-NATIONAL, 215, ET RUE RICHELIEU, 10,

ET CHEZ TOUS LES PRINCIPAUX LIBRAIRES.

1849

LES ROUGES

JUGÉS

PAR EUX-MÊMES.

LES ROUGES

JUGÉS

PAR EUX-MÊMES.

ŒUVRE ÉMINEMMENT CONSCIENCIEUSE ET INSTRUCTIVE

due au patriotisme des sieurs

CONSIDERANT, PROUDHON, CABET, RASPAIL, LEDRU-ROLLIN,

BARBÈS, CAUSSIDIÈRE, BLANQUI, FLOTTE,

ET AUTRES GRANDS CITOYENS !

Au moment où les chefs de la République rouge, redoublant d'efforts pour le bonheur de l'humanité, inondent les ateliers, les camps et les campagnes de prospectus plus brillants que ceux de la Californie, il nous a paru bon de leur venir en aide par la reproduction abrégée, mais textuelle, des témoignages d'estime et de considération qu'ils se sont respectivement prodigués en public.

En les voyant, architectes de nouvelle école, si pressés de jeter à bas toutes nos maisons, pour nous en faire de plus belles à meilleur marché, nous avons cru prudent de voir ce qu'ils pensaient eux-mêmes des hommes et des systèmes qu'ils comptaient employer! — Pour cela, nous n'avons pas eu de longues études à faire; il nous a suffi de recueillir dans leurs écrits les brevets d'intelligence et de probité qu'ils se sont charitablement délivrés l'un à l'autre dans les saints épanchements de leur fraternité!...

CHAPITRE PREMIER.

PROUDHON JUGÉ PAR CONSIDERANT.

A tout seigneur tout honneur!.... Le premier sujet de la troupe, c'est bien évidemment le citoyen Proudhon! le fameux Proudhon! l'ami *du peuple* par excellence! représentant *du peuple*! journaliste *du peuple!* et qui serait encore aujourd'hui *banquier du peuple* si Dieu, qu'il avait menacé de destitution, n'avait pas eu la petitesse de s'en venger en déjouant le plus beau de ses calculs sur le bien public!

Or il arriva un jour que M. Proudhon, s'étant permis de critiquer, dans son journal, une autre célébrité non moins amie du peuple (M. Considérant, l'apôtre du phalanstère), s'attira, de son rival en popularité, une réponse, dont voici quelques extraits :

Pour en finir avec M. Proudhon.

> *Omnia invidiosè pro dominatione.*
> (Variante de TACITE.)

D'abord nous en demandons bien pardon à nos lecteurs. Il nous en coûte de remuer ce mélange de violence, d'outrecuidance et de détraction haineuse qui fait le fond de l'école de M. Proudhon et la substance de son journal. . . . .

Nous ne discuterons pas des outrages émanés de cerveaux malades.

La folie est incontestablement un cas *d'excuse* et *d'irresponsabilité*. Il faut reconnaître cependant que toutes les folies ne sont pas également intéressantes. Il y en a qui inspirent un fort *légitime dégoût, celle-ci* est du nombre.

Depuis longtemps nous avions reconnu, à des signes trop certains, *cette triste maladie de l'esprit* qui a inspiré successivement le *Représentant du peuple,* le *Peuple,* et donné à presque tous les écrits sortis de la plume du citoyen Proudhon cette *odeur de haine* et cette *couleur fauve* qui les caractérisent. Nous avions pensé que peut-être, à force d'opposer la raison et la courtoisie à la déraison et à la violence, nous viendrions à bout de cette fiévreuse personnalité, de cette surexcitation de l'orgueil, de cette envieuse manie d'accusation, de dénigrement et de destruction de tout ce qui n'est pas soi. — *Nous avons perdu notre temps et notre huile, et nous reconnaissons la maladie pour incurable.*

Monsieur Proudhon, vous avez dépassé à notre égard toutes les bornes, vous et les vôtres... Eh bien ! recevez-en nos remercîments profonds.

Merci d'une conduite qui n'a aucun nom dans la langue des gens qui se respectent. Merci ! car elle nous fait désormais, non pas seulement un droit, mais un devoir impérieux de vous traiter comme vous le méritez.

Vous n'avez vécu que de dénigrements et de

morsures ; vous ne vous êtes *fait un nom que par la détraction* de ceux-là mêmes dont *vous exploitiez* les idées ; car vous n'avez *rien, rien,* entendez-vous, *rien de sérieux à vous, pas une miette d'idée, pas un brin de pensée,* même dans le bagage si plaisamment enflé de votre banque d'échange.

Vous n'avez rien à vous *que le génie de la détraction ;* et, ce que vous avez parce que vous l'avez pris, vous ne l'avez payé qu'*avec la fausse monnaie du zoïlisme audacieux qui est toute votre richesse.* C'est pourquoi l'on comprend que vous ayez dit : *La propriété, c'est le vol.* . . . . . .

Vous avez si peu compris votre prétendu système, votre soi-disant découverte de la banque d'échange, que, *sans le secours d'un ancien phalanstérien qui vous y a mis des pièces et des morceaux, vous y étiez noyé, car vous y pataugiez depuis deux mois, si tristement et si misérablement, que c'était à faire pitié à vos adversaires....*

Voyons ! *génie sublime, grand inventeur, père du peuple, sauveur du monde,* essayez de nous dire ce qu'il y a à vous et de vous dans votre Acte ,.... édifiez-nous un peu sur ce qui est en vous, car enfin, si vous êtes le dieu socialiste, nous avons hâte de vous adorer.

Eh bien ! c'est moi qui vous le dis, et vous ne prouverez pas le contraire, ce que vous avez créé, ce que vous avez découvert se réduit à trois mots : *Rien ! Rien ! Rien !* — Un *zéro* très-gros, très-boursouflé, plein de tapage et de venin, j'en conviens ; mais un zéro en chiffre et pas autre chose, voilà votre compte. Vous avez pardieu bien raison de demander le crédit gratuit !

Vous vous croyez tout le socialisme, et vous le dites la main sur la Constitution et sur l'Évangile. Eh bien ! la main sur ma conscience tout simplement, je vous dirai, moi, ce que vous avez été et ce que vous êtes du socialisme : *vous en avez été et vous en êtes l'Érostrate....*

Vous avez *tout abîmé, tout brûlé,* monsieur Proudhon... POUR VOUS FAIRE UN NOM.

Vos pères intellectuels, ceux de qui vous avez tiré quelque nourriture, *vous avez tenté de les égorger...*

Vous avez lancé contre la propriété des attaques furibondes, propres à incendier les esprits faibles et les âmes ardentes, et vous n'avez pas même l'excuse d'une conviction révolutionnaire et d'un but quelconque... Quel prétexte est-il à vos fureurs révolutionnaires contre la propriété, et où trouvez-vous, pour me servir des expressions de votre journal, *l'excuse et la moralité de l'insurrection* intellectuelle, que vous avez tant contribué à allumer contre elle, pour aboutir à l'organisation de quoi ?... d'une banque en commandite sous la raison *P.-J. Proudhon et Cie*, qu'il vous était parfaitement facultatif de propager et de réaliser sous toutes les lois et sous tous les régimes ? . . . . .

Cette révélation si plaisante de votre personnalité en délire explique pourquoi vous avez été l'Érostrate du socialisme. Vous vous sentiez Tout, vous vous sentiez

Dieu, et vous sentiez en même temps le besoin de vous rendre à vous-même un culte exclusif. En même temps que vous étiez Dieu, vous vous adoriez vous-même, vous nourrissiez, pour votre divinité, le zèle fanatique et intolérant du sectaire. . . . . . .

Et savez-vous pourquoi vous avez fait cela ? Oui, vous le savez, mais je vais le dire pour les autres : *C'est parce que, si votre nom historique et extérieur est Érostrate, votre nom intime est bien plus sinistre encore : vous vous appelez* DÉSTRUCTION...

Cela, je le sais et vous en jouissez, constitue une grandeur. Cette grandeur, je ne la conteste pas, et je vous plais en ajoutant ici que l'histoire ne conteste pas non plus la grandeur d'Attila. *Il y a de grands fléaux sous la main de Dieu !...* Je confesse votre puissance de *destructivité*; vous en avez le génie; la force de vos dents, le caractère dangereux de leurs morsures, je ne vous ôte rien de ce qui est à vous; je vous proclame un des grands et légitimes châtiments envoyés à un monde corrompu !...

Je vous trouve, en un mot, dans la sphère des principes et des idées, ce caractère mystérieux, fatal et sacro-saint que de Maistre trouvait à la *guerre* dans le domaine des faits, et qu'il retrouvait dans la conception antique et quasi-pontificale du BOURREAU. . . . . .

V. CONSIDÉRANT.

Ainsi, le génie incontestable de la destruction, l'absence de toute conviction, l'impudence dans le plagiat, une férocité d'orgueil capable de tout immoler, et, en présence des maux qu'il se plaît à répandre, une joie méphistophélique digne du bourreau !... voilà, s'il faut en croire M. *Considerant*, les qualités qui recommandent le citoyen Proudhon à la confiance et à l'estime de son pays !

Et dire que de pareils titres ont été méconnus !... dire qu'après trois grands mois de prospectus et d'attente, la *Banque du peuple !* cette banque qui devait être immortelle, n'avait pu recueillir que dix-sept mille pauvres francs ! le tiers de ce qu'il lui fallait pour se constituer ! Si bien que M. Proudhon, qui, dans sa confiance, en avait déjà dépensé plus de la moitié, se voit forcé de partir sans payer ses actionnaires !!... Il y a de quoi dégoûter de la philanthropie !

Maintenant que nous avons vu M. Proudhon jugé par un de ses confrères en socialisme, nous allons voir le confrère jugé par M. Proudhon.

CHAPITRE DEUXIÈME.

CONSIDERANT JUGÉ PAR PROUDHON.

Pour en finir avec M. Considerant.

Omnia serviliter pro dominatione.

(Restauration d'un texte de TACITE,
falsifié par M. Considerant.)

Il y a désormais quelque chose de trop sur la terre. Ce quelque chose est ou la *Banque du Peuple*, ou la boutique de M. Considerant…. M. Considerant l'a compris : je l'en félicite, je l'en remercie. Le phalanstère m'ennuyait autant au moins que la Banque du peuple porte ombrage à M. Considerant.

L'attaque de M. Considerant est divisée en deux parties : la première a rapport à un incident soulevé par lui à l'occasion de la polémique engagée depuis six semaines entre la *Démocratie pacifique* et le *Peuple ;* la seconde n'est qu'une diatribe bête et méchante contre mes idées et ma personne. . . . . .

Il faut avoir eu l'esprit hébété pendant vingt ans par les vapeurs méphytiques du phalanstère, pour se conduire d'une façon aussi niaise que l'a fait en cette circonstance M. Considerant. . . . . .

La *Démocratie pacifique*, organe quotidien de la prétendue école sociétaire, est, avec la *Phalange* qui lui sert de complément, une sorte de déversoir de toutes les folles absurdités et impuretés de l'esprit humain. Ce déversoir a pour enseigne le nom du plus grand mystificateur des temps modernes, Fourier ; pour objet apparent la métamorphose sociale ; pour but réel *une spéculation d'intrigants sans principe*, sans théorie, et dont tous les moyens se résument dans ce mot de Tacite travesti par M. Considerant : *servilisme !*

Tout le monde a entendu parler de la prétendue *théorie* de Fourier, de la *science* découverte par Fourier, du *système* de Fourier. C'est, je le répète, la plus grande mystification de notre époque. . . . . .

Ce n'est pas seulement la théorie agricole-industrielle, soi-disant enseignée par Fourier, et propagée à si grands frais par M. Considerant, dont je révoque en doute l'existence ; c'est la valeur scientifique de *tous les travaux* de Fourier, de quelque façon qu'on les envisage, que je nie. Fourier, comme économiste, métaphysicien, réformateur, inventeur, savant enfin, n'existe pas. J'ai connu l'individu, j'ai lu tous ses bouquins : je suis encore à chercher l'homme de science, l'homme d'intelligence. Si M. Considerant en a quelque nouvelle, je le somme d'en faire part à ses lecteurs ; car il y a trop longtemps que cette mystification dure et que le public est dupe. . . . . .

Certes, il faut que je sois bien sûr de mes paroles quand je viens dire aux abonnés de la *Démocratie pacifique* : Il n'y a point de *théorie de Fourier*, point de *science sociale* d'après Fourier, par conséquent *point de socialisme phalanstérien* ; il n'y

a qu'une *coalition de* CHARLATANS *dont vous n'ê-
tes tous que les misérables dupes!* Eh bien! que
M. Considerant produise ses raisons; qu'on entame
une critique; qu'on fasse le tamisage des élucubrations
de Fourier. Jamais occasion plus solennelle, plus déci-
sive ne s'est offerte de faire sortir victorieusement l'idée
du *Maître, si tant est que jamais idée ait été
conçue sous ce crâne éburné.* Le socialisme de
Fourier a suffisamment agité le monde : qu'on sache,
enfin, si l'homme idole de la *Démocratie pacifique*
fut le plus merveilleux des génies ou le plus colossal des
fous.

M. Considerant, averti par l'opinion, n'a pu s'empêcher de reconnaître qu'en effet j'étais un incompa-
rable destructeur. A cet égard, il me donne des éloges
dont il est loin de soupçonner la portée, et qui seraient
capables de faire tourner une tête dix fois plus forte que
la sienne. Mais, comme il n'y voit pas plus loin, il me
dit, par forme de conseil amical, que mon rôle de
destructeur, d'Attila, d'Érostrate, de BOURREAU est
fini.

Ah! monsieur Considerant! *il est trop tard pour
la retraite!* Votre dernière heure a sonné. Vous avez
passé vingt ans sans rien fonder, sans rien faire; vous
avez consommé je ne sais combien de millions à payer
les folies de Clairvaux, de Rambouillet et d'ailleurs;
*les sottises de votre propagande, les tartines de
votre insipide journal.* Vous avez épuisé la com-
plaisance de l'opin[ion], [illegible]ué la curiosité, lassé jusqu'au
dévouement. [L'incapa]é éclate jusque dans votre

dépit.... Votre parole est comme un cuivre enduit de plomb, une cymbale fêlée. Vous êtes mort, vous dis-je, mort à la démocratie et au socialisme; la révolution vous a tué le 24 février. Ce qui parle, ce qui écrit, ce qui jargonne, ce qui déblatère sous le nom de Victor Considerant n'est plus qu'une ombre, l'âme d'un trépassé qui revient parmi les vivants demander des prières. Va, pauvre âme, je vais réciter pour toi le *De profundis*, et je donnerai quinze sous pour te faire dire une messe.

P.-J. PROUDHON.

Ainsi, un homme digne de servir de type *au bourreau*, et un esprit *hébété*, entouré d'*intrigants*, à la remorque *du plus grand mystificateur des temps modernes*, voilà, jusqu'à présent, au dire des socialistes, l'intéressant personnel de leur état-major!... poursuivons; peut-être serons-nous plus heureux tout à l'heure !

CHAPITRE TROISIÈME.

LOUIS BLANC JUGÉ PAR PROUDHON.

Voici un réformateur à qui il fut donné de faire, aux dépens de la France, l'épreuve de son système!... et cette épreuve, la France s'en souviendra longtemps!...

Dès 1846, le citoyen *Proudhon* avait déjà tourné contre le citoyen *Louis Blanc* la force de *ses dents* et la cruauté de *ses morsures!*... Quel dommage que les écrits de M. *Proudhon* n'aient pas été alors aussi populaires qu'aujourd'hui!

Dès 1846 le citoyen Proudhon disait de Louis Blanc [1] :

« ..... A la quatrième édition de son livre, M. Blanc était *sur la logique aussi peu avancé que sur l'économie politique! il raisonnait de l'une et de l'autre comme un aveugle des couleurs!*.....

» .... M. Louis Blanc serait étrangement surpris si on lui faisait voir que, par le mélange perpétuel qu'il fait dans son livre des principes les plus contraires...., il n'est *qu'un véritable hermaphrodite, un publiciste au double sexe!*

» ..... J'aime Louis Blanc et je lis ses ouvrages....,

---

[1] *Contradictions économiques*, tome Ier, page 232.

mais nul ne peut consentir à paraître dupe ou imbécile !....

» .... Je ne veux ni de l'encensoir de Robespierre ni de la baguette de Marat, et plutôt que de subir votre démocratie androgyne, j'appuie ce *statu quo !....* »

Plus bas :

« ..... En lisant le supplément de M. Blanc, on voit mieux ce qu'il y a d'incomplet dans sa conception, fille au moins de trois pères, le saint-simonisme, le fouriérisme, le communisme !... »

« .... Le communisme ! il supprime, pour subsister, tant de mots, tant d'idées, tant de faits, que les sujets formés par ses soins n'auront plus besoin de penser, de parler, ni d'agir ! CE SERONT DES HUITRES attachées côte à côte, sans activité ni sentiment, sur le rocher... de la fraternité ! — Quelle philosophie intelligente et progressive que le communisme !

» Loin de moi, communisme !... votre présence M'EST UNE PUANTEUR ! et votre vue me DÉGOUTE !

» .... Passons vite sur les constitutions des saints-simoniens, fouriéristes et autres prostitués.... triste illusion d'un socialisme abject ! dernier rêve de LA CRAPULE EN DÉLIRE ! »

Quant à *l'organisation du travail, l'égalité des salaires, l'abolition de la concurrence, l'impôt progressif, l'impôt somptuaire,* et autres panacées économiques, auxquelles M. Louis Blanc voudrait se borner provisoirement, *comptant sur l'excel-*

lence de la vie en commun pour faire naître promptement, de l'association des travaux, la salutaire association des plaisirs [1], voici quelques passages de l'examen qu'en fait Proudhon, nous commençons par l'*égalité des salaires* :

« Quelques socialistes, très-malheureusement inspirés par des abstractions évangéliques, ont cru trancher la difficulté par de belles maximes : L'inégalité des capacités est la preuve de l'égalité des devoirs ! Vous avez reçu davantage de la nature, donnez davantage à vos frères, et autres phrases sonores et touchantes qui ne manquent jamais leur effet sur les intelligences vides, mais qui n'en sont pas moins *tout ce qu'il est possible d'imaginer de plus innocent !...*

» Supposer que le travailleur de haute capacité pourra se contenter, en faveur des petits, de moitié de son salaire, fournir gratuitement ses services et produire, comme dit le peuple, *pour le roi de Prusse*, c'est-à-dire pour cette abstraction qui se nomme la société, le souverain ou mes frères !... c'est fonder la société sur un sentiment qui, érigé systématiquement en principe, n'est qu'une fausse vertu, une hypocrisie dangereuse !... Fraternité ! !... frères, tant qu'il vous plaira, pourvu que je sois le grand frère et vous le petit ! pourvu que la société, notre mère commune, honore ma progéniture et mes services en doublant ma portion ! Vous pourvoirez à mes besoins, dites-vous, dans la

[1] Extrait de la brochure de M. Louis Blanc sur l'organisation du travail.

mesure de vos ressources !... J'entends, au contraire, que ce soit dans la mesure de mon travail, sinon je cesse de travailler !... A chacun suivant ses œuvres d'abord !... et si, à l'occasion, je suis entraîné à vous secourir, je le ferai de bonne grâce ; mais je ne veux pas être contraint !... La société ne travaille qu'en vue de la richesse ; le bien-être, le bonheur est son objet unique. Comment donc ce qui est vrai de la société ne le serait-il pas de l'individu ?

» L'homme ne sort de sa paresse que lorsque le besoin l'inquiète ; et le moyen le plus sûr d'éteindre en lui le génie, c'est de le délivrer de toute sollicitude, de lui enlever l'appât du bénéfice et de la distinction sociale qui en résulte !... La théorie d'une égalité pacifique, fondée sur la fraternité et le dévouement, n'est qu'une contrefaçon de la doctrine catholique du renoncement aux biens et aux plaisirs de ce monde, le principe de la gueuserie, le panégyrique de la misère ! L'homme peut aimer son semblable jusqu'à mourir ; il ne l'aime pas jusqu'à travailler pour lui !...

» Par l'effet d'un instinct irrésistible ou d'un préjugé fascinateur qui remonte aux temps les plus reculés de l'histoire, tout ouvrier aspire à entreprendre ; tout compagnon veut passer maître ; tout journalier rêve de mener train, comme autrefois tout roturier de devenir noble !

» Quant aux femmes, c'est une vérité devenue vulgaire qu'elles n'aspirent à se marier que pour devenir souveraines d'un petit État qu'elles appellent leur ménage.

» En principe, le seul encouragement au travail que puisse admettre la science, c'est le profit; car, si le travail ne peut trouver dans son propre produit sa récompense, il doit être au plus tôt abandonné !

» Mettez la jouissance à la condition du travail, seul mode prévu par la nature pour associer les hommes en les rendant bons et heureux, vous rentrez dans la loi de répartition économique. »

On sait l'horreur de Louis Blanc pour la *concurrence*. Voici ce que lui répond le citoyen Proudhon :

« La concurrence est nécessaire à la constitution de la valeur, c'est-à-dire au principe même de la répartition et par conséquent à l'avénement de l'égalité. Tant qu'un produit n'est donné que par un seul fabricant, la valeur réelle de ce produit reste un mystère ; le privilége de la production est une perte réelle pour la société, et la publicité de l'industrie, comme la concurrence des travailleurs, est un besoin !... La garantie du salaire est impossible sans la connaissance exacte de la valeur, et cette valeur ne peut être découverte que par la concurrence et nullement par des institutions communistes ou par un décret du peuple ; car il y a quelque chose de plus puissant ici que la volonté des législateurs et des citoyens, c'est l'impossibilité absolue pour l'homme de remplir son devoir, dès qu'il se trouve déchargé de toute responsabilité envers lui-même !... Ordonnez qu'à partir du 1er janvier 1849 le travail et le salaire seront garantis à tout le monde ; aussitôt un immense relâche va succéder à la tension ardente de l'industrie, la valeur réelle tombera rapidement au-dessous de la valeur nominale ; la monnaie métallique, malgré son effigie et son timbre, éprouvera le sort des assignats ; le commerçant demandera plus pour livrer moins, et nous nous retrouverons un cercle plus bas dans l'enfer de misère !... »

Il ne voit pas d'un meilleur œil l'impôt progressif :

« La conséquence de l'impôt progressif sera que les grands capitaux seront dépréciés et la médiocrité mise à l'ordre du jour. Les propriétaires réaliseront à la hâte, parce qu'il vaudra mieux pour eux manger leur propriété que d'en retirer une rente insuffisante ; les capitalistes rappelleront leurs fonds ou ne les commettront qu'à des taux usuraires ; toute grande exploitation sera interdite, toute fortune apparente poursuivie, tout capital dépassant le chiffre du nécessaire proscrit ! La richesse refoulée se recueillera sur elle-même et ne sortira plus qu'en contrebande, et le travail, comme un homme attaché à un cadavre, embrassera la misère dans un accouplement sans fin !

» Après avoir prouvé la contradiction et le mensonge de l'impôt progressif, faut-il que j'en prouve encore l'iniquité ?

» L'impôt progressif arrête la formation des capitaux ; de plus il s'oppose à leur circulation ! Après avoir froissé tous les intérêts et jeté la perturbation sur le marché, par ses catégories l'impôt progressif arrête le dévelop-

pement de la richesse et réduit la valeur vénale au-
dessous de la valeur réelle ; il rapetisse, il pétrifie la
société !... Quelle tyrannie ! quelle dérision !

» L'impôt progressif se résout donc, quoi qu'on fasse,
en un déni de justice, une défense de produire ! une
confiscation. C'est l'arbitraire sans limites et sans frein
donné au pouvoir sur tout ce qui, par le travail, par
l'épargne, par le perfectionnement des moyens, contri-
bue à la richesse publique ! »

Après l'impôt progressif, vient l'impôt somptuaire :

« Vous voulez, dit M. Proudhon, frapper les objets
de luxe !... Vous prenez la civilisation à rebours ! Je
soutiens, moi, que les objets de luxe doivent être francs!..
Luxe est synonyme de progrès ! C'est à chaque instant
de la vie sociale l'expression du maximum de bien-être
réalisé par le travail, et auquel il est du droit comme
de la destinée de tous de parvenir !... Taxer les objets
de luxe, c'est interdire les arts de luxe ! Savez-vous si
une plus grande cherté des objets de luxe ne serait pas
un obstacle au meilleur marché des choses nécessaires?..
La belle spéculation en vérité ! On rendra vingt francs
au travailleur sur le vin et le sucre, et on lui en prendra
quarante sur ses plaisirs ! Il gagnera soixante-quinze
centimes sur le cuir de ses bottes, et pour mener sa
famille quatre fois l'an à la campagne, il payera six francs
de plus pour les voitures !... »

Enfin, pour conclure à l'égard du socialisme,

voici comment M. Proudhon termine le XIIme cha-
pitre de ses Contradictions économiques :

« Quant aux faits et gestes du socialisme, je renonce
à vous en entretenir. La tâche serait au-dessus de ma
patience ! et ce serait dévoiler trop de mystères, trop
de turpitudes ! Comme homme de réalisation et de progrès, je répudie de toutes mes forces le socialisme vide
d'idées, *impuissant, immoral, propre seulement
à faire des dupes et des escrocs !* N'est-ce pas ainsi
qu'il se montre depuis vingt ans ? Annonçant la science
et ne résolvant aucune difficulté, promettant au monde
le bonheur et la richesse, et lui-même ne subsistant que
d'aumônes, et dévorant, sans rien produire, d'immenses
capitaux !

» Pour moi, je le déclare, en présence de cette propagande souterraine..., en présence de ce sensualisme
éhonté, de cette littérature fangeuse, de cette mendicité
sans frein, de cette hébétude d'esprit et de cœur qui
commence à gagner une partie des travailleurs, je suis
pur des infamies socialistes, » etc., etc.

Il y avait jadis à Bicêtre, dans la partie réservée
aux aliénés, un homme de fort bonne mine, par-
lant un très-bon langage, qui faisait aux visiteurs
les honneurs de la cour principale ; en les accom-
pagnant dans la revue des cellules, il expliquait,
avec une telle pertinence, l'histoire et la nature de
la folie de chacun, qu'on le prenait pour un des
médecins de la maison. —Mais quand on arrivait

devant le dernier cabanon, en présence d'un pauvre diable couvert de haillons rouges dans les plis desquels il s'efforçait de se draper : Plaignez, disait notre homme, la folie de celui-ci!... le malheureux s'imagine être *Jésus-Christ!...* et il ose me le dire, à moi *qui suis Dieu le père!...*

Ne serait-ce pas là l'histoire du citoyen Proudhon ?

Il vient de nous démontrer, de nous faire toucher du doigt la démence de ces prétendus réformateurs qui, s'attaquant follement aux bases de l'édifice, le renverseraient sur eux-mêmes en voulant l'étayer!... Puis, quand il veut produire, à son tour, son système, il recule, pour dépasser les plus insensés, les limites du cynisme et de l'extravagance!

Croirait-on que l'homme qui a paru si bien comprendre les caractères essentiels de la société, que la plume qui a tracé les pages que nous venons de citer, pages que ne balancerait pas à couronner l'Académie des sciences morales et politiques, ait écrit, ensuite, les turpitudes qu'on va lire :

« La propriété est immorale par principe et par essence!... Le code qui la protége est un code d'immoralité! La jurisprudence, cette prétendue science du droit, qui n'est autre que la collection des rubriques propriétaires, est immorale! et la justice, instituée pour protéger le libre et paisible abus de la propriété ! la justice qui ordonne de prêter main forte contre ceux qui voudraient s'opposer à cet abus, qui afflige et marque d'infamie quiconque est assez osé que de prétendre réparer les outrages de la propriété, la justice est infâme !... *La propriété, c'est le vol !* Cette définition est la mienne et toute mon ambition est de prouver que j'en ai compris le sens et l'étendue ! *La propriété, c'est le vol !* Il ne se dit pas en mille ans deux mots comme celui-là ! Je n'ai d'autre bien sur la terre que cette définition de la propriété, mais je la tiens plus précieuse que les millions de Rotschild, et j'ose dire qu'elle sera l'événement le plus considérable du règne de Louis-Philippe ! »

Cet homme enfin ose s'écrier dans son délire :

«... Et moi je dis : le premier devoir de l'homme intelligent et libre est de chasser incessamment l'idée de Dieu de son esprit et de sa conscience ! Car Dieu, s'il existe, est essentiellement hostile à notre nature et nous ne relevons aucunement de son autorité !... Nous arrivons à la science malgré lui ! au bien-être, malgré lui ! à la société, malgré lui ! Chacun de nos progrès est une victoire dans laquelle nous écrasons la divinité ! ... Père suprême !.. les fautes dont nous te demandons la remise, c'est toi qui nous les as fait commettre ! Les piéges dont nous te conjurons de nous délivrer, c'est toi qui les as tendus ! et le Satan qui nous assiége, c'est toi !

» Tu triomphais, et personne n'osait te contredire !.. Nous étions comme des néants devant ta majesté invisible, à qui nous donnions le ciel pour dais et la terre pour escabeau !... Et maintenant te voilà détrôné et brisé !... Ton nom, si longtemps le dernier mot du savant, la sanction du juge, la force du prince, l'espoir du pauvre, le refuge du coupable repentant, eh bien ! ce nom incommunicable, désormais voué au mépris et à l'anathème, sera sifflé parmi les hommes ! car Dieu, c'est sottise et lâcheté ! Dieu, c'est hypocrisie et mensonge ! Dieu, c'est tyrannie et misère ! Dieu, c'est le mal !... Tant que l'humanité s'inclinera devant un autel, l'humanité, esclave des rois et des prêtres, sera réprouvée ! Tant qu'un homme au nom de Dieu recevra le serment d'un autre homme, la société sera fondée sur le parjure ! La paix et l'amour seront bannis d'entre les mortels ! Dieu, retire-toi ! car dès aujourd'hui, guéri de ta crainte et devenu sage, je jure, la main étendue vers le ciel, que tu n'es que le bourreau de ma raison, le spectre de ma conscience !... »

Il y a certainement à Charenton ou à Bicêtre des malheureux revêtus de la camisole de force dont la folie est moins triste et moins furieuse !... on peut même dire qu'il est à Brest ou à Toulon des réprouvés qui ont moins fait contre la société !

Mais, par bonheur, ce Dieu, que méprise tant M. Proudhon, a placé, dans presque toutes les bêtes venimeuses, le meilleur remède contre leur venin ! — En Italie, quand un scorpion vous a piqué, on tâche de le prendre et de l'écraser sur la piqûre.

CHAPITRE QUATRIÈME.

CABET JUGÉ PAR DES ICARIENS DE L'AVANT-GARDE.

Celui-ci, c'est le fondateur de l'Icarie, cette terre promise qui devait nous rendre l'âge d'or ! Voici le communisme dans toute sa pureté ! la fraternité incarnée ! l'égalité faite homme !

Ainsi que l'honorable créateur de la Banque du peuple, l'échappé du phalanstère de Ménilmontant et le fondateur des ateliers nationaux, le citoyen Cabet dut mettre son système en pratique ; c'est au Texas que fut réservé l'insigne honneur de recevoir les fondements de la moderne Salente !

En chef prudent, qui doit se conserver pour les siens, il crut devoir se priver du plaisir d'ouvrir la marche ; et, restant à Paris pour former le gros de l'armée, il eut soin d'expédier, en façon d'avant-garde, trois ou quatre cargaisons de frères colonisateurs.

Que leur advint-il? par quels trésors de joies icariennes furent-ils payés de leur foi dans la parole du maître? ils vont nous le dire eux-mêmes : le *Constitutionnel* reçut d'eux, il y a quelques mois, les confidences suivantes :

« Icarie est fondée, Icarie existe ; c'est un Eden, un

vrai paradis terrestre. Oh ! si vous voyiez Icarie ! »
Telles sont les paroles enthousiastes dont on se sert
pour entraîner et tondre les moutons qui veulent les
entendre. « Il faut une confiance aveugle, » dit le pacha
d'Icarie.

» Moi comme les autres, en disciple modeste, j'ai fermé
les yeux et je me suis bien gardé de demander quels
étaient les ressources et l'état de la caisse. Aucun des
partants n'a eu connaissance des recettes et des dépenses ; de même le titre de la concession d'un million d'a-
cres de terre ne nous a pas été montré ; nous sommes
partis comme de vrais moutons de Panurge.

» Aussitôt en mer, le sous-délégué de Cabet m'apprit
que la concession d'un million d'acres de terre n'exis-
tait pas. — Ce fut la première déception. — J'appris à
la Nouvelle-Orléans que l'entrepôt de Shreveport et les
montres des Icariens étaient engagés pour une somme
de mille francs. — Deuxième déception. — J'étais malade ; je demandai à voir un médecin ; le délégué Favard, janissaire en chef, me répondit qu'il n'y avait à
la Nouvelle-Orléans que des charlatans ; que je n'étais
pas assez malade pour m'y arrêter, et qu'il valait mieux
aller en Icarie pour être traité par le médecin de la société. Mais j'appris depuis que le janissaire Favard ne
s'était nullement occupé de médecin, et qu'il avait répondu qu'il n'avait pas d'argent pour les visites de médecin, et qu'il en fallait pour fonder Icarie. — Troisième
déception.

» Arrivé à Shreveport, je fus encore déçu en voyant
l'établissement destiné à recevoir les femmes. Il est tel-

.lement bien construit, que les habitants de Shreveport disent qu'ils ne voudraient pas y loger un cheval.

» La quatrième et la plus forte déception fut le trajet dans les forêts et les prairies du Texas, en ce que la rapacité du janissaire en chef nous fit beaucoup souffrir des privations de toute nature.

» L'arrivée en Icarie fut la dernière et la plus triste des déceptions. Nous vîmes, à notre arrivée, non des hommes, mais des cadavres !... Rien de cultivé dans ce soi-disant paradis ! On nous apprit qu'il y avait 10,000 fr. de dettes. Le lendemain de notre arrivée, on vota à l'unanimité, moins trois voix, que la société était dissoute et qu'il fallait tout abandonner.

» La retraite s'opéra très-difficilement, en laissant beaucoup de malades en route. Les malles et tout le linge de la dernière avant-garde restèrent abandonnés au milieu des prairies. Nous attendîmes à Shreveport des secours de France. Une commission de cinq membres arriva le 24 octobre ; elle nous annonça qu'elle possédait 4,000 fr., tandis qu'elle en possédait 25,000. Chacun de nous reçut 55 fr. pour redescendre à la Nouvelle-Orléans.

» Chaise, membre de cette commission, s'est enfui avec une partie de la somme ; les autres ont organisé une société dite fraternelle : chacun des membres est tenu de verser trente sous par semaine pour soulager les Icariens malades et sans ouvrage. Comme la plupart de ceux qui sont descendus du Texas sont malades et ne peuvent travailler, il n'y aura que les jeunes moutons qui entreront dans la société qui payeront, et si jamais ils demandent des comptes, un janissaire viendra leur dire : « Il faut avoir une confiance aveugle ! »

« Pour moi, je suis sans travail ; j'ai versé 1,000 fr. sur lesquels j'ai fait une retenue de 400 fr. sur l'apport de mon neveu. Comme il ne viendra pas, puisque l'Eden est en déconfiture, je croyais avoir le droit de recouvrer cette somme. Quand j'en ai parlé au janissaire Favard, l'homme de confiance du pacha, il m'a répondu : « Ton argent est f..... comme celui des autres. » Ces autres sont les familles qui sont en France, qui ont versé des sommes, et qui ne partiront pas, puisque tout est abandonné.

» A la séance de la Société fraternelle du 21 octobre, j'ai demandé un emprunt afin d'avoir de quoi subsister jusqu'à ce qu'il m'arrive du secours de France. J'en attends, car j'ai écrit à ma famille pour en obtenir, et j'attends ma femme qui doit être en route maintenant pour venir me rejoindre, et qui a dû verser douze cents francs. Je m'engageais à remettre cet emprunt aussitôt que des secours me seraient arrivés de France. Presque tous savaient que j'étais sans ressources et que je ne connaissais personne à la Nouvelle-Orléans. Eh bien ! en vertu du principe de fraternité, l'on m'a positivement refusé toute espèce de secours.

» Quelle leçon pour moi ! Puisse-t-elle profiter aussi aux malheureux qui se laissent séduire par M. Cabet et ses janissaires !   E. DUBUISSON,

Bijoutier, rue Royale, 103, ayant fait partie
de la deuxième avant-garde pour l'Icarie.

«Amérique du Nord. — Nouvelle-Orléans, 16 nov. »

« CHER PÈRE,

» Je vous écris à la hâte un mot concernant ma po-
» sition..... D'abord je suis un réchappé de la mort. Je
» suis encore à l'hospice de la Nouvelle-Orléans depuis
» peu; car nous arrivons de l'endroit où ce fameux Ca-
» bet nous avait envoyés nous perdre. Hélas, quand nous
» sommes arrivés dans ce lieu mortel (car tout y est
» mortel, l'eau et l'air), sur 70 hommes qui avaient été
» les premiers, 9 de morts et tout le reste moribond.
» Quel camp de désolation ! Nous arrivons; au bout de
» quatre jours nous tombons tous malades; au bout de
» six, je suis tombé sans connaissance; enfin, je me
» crois mort, je suis résigné; cependant, on me donne
» du quinine, ça me coupe la fièvre, et enfin, j'ai pu
» regagner la Nouvelle-Orléans; heureusement l'hos-
» pice est bon. J'ai fait cent vingt lieues dans les forêts,
» à pied, seul et souffrant la faim, la soif, obligé de jeter
» mes effets, n'ayant pas la force de les porter, etc. A
» plus tard d'autres détails.

» Cabet nous dit : « Vous allez dans un pays où tout y
» est. » Ce malheureux nous y envoie sans le connaître.
» Tous ses écrits sont faux. De ce côté, selon lui, c'est
» la pêche, c'est la chasse; eh bien ! rien de tout cela :
» on y meurt de faim. Faut-il être aventurier pour en-
» voyer des hommes, les perdre ainsi, surtout de nous
» envoyer sans tout l'argent que nous lui avons donné.
» Maintenant, cette chimère qu'il nous avait mise dans
» la tête est l'état social le plus infâme possible; c'est
» l'esclavage complet, c'est l'enfer; si vous êtes cent,

» c'est cent maîtres que vous avez. Vous ne pouvez rien
» faire ni manger qui ne soit à retoucher et à censurer ;
» vous n'avez aucune liberté, et toute la journée disputes
» pour le manger. « Toi, tu manges trop ; moi, je mange
» moins ; tu es un fainéant, etc. » Toute la patience du
» monde ne suffirait pas pour une heure. Seulement,
» nous sommes bien désaveuglés, mais trop tard ; mais
» il fallait passer par là. Maintenant, ceux qui n'en ont
» pas goûté peuvent essayer ; ils seront bientôt guéris.
» Tous les fanatiques qu'il y a encore en France passe-
» ront bientôt leur maladie quand ils sauront de nos
» nouvelles. Communisme ! jamais tu ne règneras en
» France ni en Europe, non plus que les autres bêtises. »

. . . .

» J. CARNET. »

« Paris, 24 décembre 1848. »

« MONSIEUR LE RÉDACTEUR,

» Au nom de l'humanité et en vue du malheur qui
menace les trop crédules travailleurs, mes frères, je
vous prie d'insérer cette lettre dans votre plus prochain
numéro.

» Dernièrement vous avez inséré deux lettres qui
avaient trait à l'émigration icarienne, et avaient pour
but de soulever le masque du pontife de ce chimérique
pays.

» Ici il ne s'agit plus de soulever le masque, il faut
l'arracher par la publicité, par la vérité ; il y va du
bonheur du genre humain, il faut que la lumière se
fasse.

» Comme les signataires de ces deux lettres, j'étais parti pour ce pays, mais plus heureux qu'eux, je me vis forcé de m'arrêter en chemin. Pendant ces huit jours, j'ai pu apprécier et connaître à fond les hommes avec qui Cabet compte régénérer la société.

» J'étais parti pour ce chimérique pays, sur le vaisseau le *Pie IX*, le 28 novembre 1848. Je suis maintenant désabusé, désillusionné. Cabet répétait sans cesse que nous étions les soldats de l'humanité, de la fraternité.

» La chose la plus inique, c'est qu'il fallait promettre que l'on n'écrirait point à ses parents ou amis, sans faire passer les lettres devant une commission de censure à ce sujet. C'est-à-dire qu'il est défendu de dire la vérité au désavantage de l'Icarie ; dans un sens contraire, il est permis de mentir pour vanter l'Icarie ; la lettre est publiée, puis le lecteur de s'écrier : Oh ! quel beau pays ! comme on y est heureux !

» Outre cela, il faut vider ses poches au Havre, dans les mains du pacha bien entendu, car le jour que nous sommes partis la récolte fut abondante.

» Ce départ, dont je faisais partie, était composé de 114 malheureux ; il n'y avait point de médecin, on n'avait aucun soin pour les malades, pas même le nécessaire ; j'y cherchais la fraternité, je n'y trouvai que division, dispute et querelle.

» Quoique n'étant qu'à trente-trois lieues du Havre, nous fûmes obligés de jeter l'ancre en vue de Cowes (île Wight), Angleterre, parce que le navire était dépourvu de sa mâture ; je résolus de descendre à terre, parce que j'étais trop considérablement malade ; à cet effet, pour regagner la France, j'ai demandé un secours au délégué (la somme de 15 fr.), afin de prendre le bateau à vapeur qui m'aurait ramené le même jour au Havre; eh bien! après avoir consulté la commission, le délégué est venu me déclarer qu'on ne devait pas montrer de fraternité envers moi, que je pouvais m'en aller comme j'étais venu.

» Madame Becq..., accompagnée de ses trois enfants, allait rejoindre son mari, parti pour l'Icarie à la troisième avant-garde; mais, comme ses enfants étaient très-malades de privations de toutes natures, et ne voulant point les voir mourir, elle résolut, comme moi, de mettre pied à terre : elle possédait un peu d'argent, car elle n'avait point été assez aveugle pour s'en laisser dépouiller au Havre; cet argent nous a servi pour revenir jusqu'à Londres, ne pouvant faire autrement. Nous avions l'espérance de gagner Boulogne, mais nous n'avions plus que six sous.

» Nous nous mîmes à écrire plusieurs lettres à Cabet, afin qu'il nous envoyât un secours pour rentrer en France; cette dame y avait d'autant plus droit, qu'elle lui avait déposé 2,000 fr. avant de partir.

» Eh bien! il ne nous a rien envoyé, il n'a pas même répondu. Cependant il connaissait bien notre situation dans Londres, sans argent, sans connaissance, avec trois petits innocents, dont le plus jeune avait quinze mois. Une telle conduite à notre égard n'a pas de nom. Nous nous aperçûmes, mais trop tard, que cette boutique n'était qu'un guet-apens.

» Enfin, grâce à la charité anglaise, nous avons pu rentrer en France; à notre arrivée à Boulogne-sur-Mer, la première personne que nous vîmes, ce fut Cabet; en le voyant, la première parole de cette dame fut de le sommer de lui donner de l'argent; il dit à cette dame qu'il avait chargé un fondé de pouvoir pour lui remettre ce qu'il avait à elle.

» Aujourd'hui cette dame éprouve des difficultés pour retirer ce qu'elle a déposé; on lui refuse 1,000 fr. qu'elle réclame, déduction faite de son passage jusqu'à la Nouvelle-Orléans. On lui a déclaré que l'on ne pouvait lui faire l'aumône; mais, voulant ravoir ce qui lui appartient, elle est décidée à poursuivre.

» Veuillez agréer, monsieur le rédacteur, l'assurance de ma parfaite considération,

» HARDIER,

Tourneur en cuivre, ex-membre du comité
d'admission pour l'Icarie.

» La Nouvelle-Orléans, le 15 décembre 1848. »

« MES CHERS FRÈRES,

» En vous quittant, le 29 octobre, j'étais loin de prévoir tous les malheurs qui devaient bientôt fondre sur nous. Quant à la navigation, elle a été des plus heureuses; nous sommes arrivés en trente-cinq jours, mais il n'en a pas été de même de notre expédition. Tout ce que vous m'aviez dit sur le compte de Cabet et des hommes qui partaient avec nous n'était que la pure vérité. Nous avons beaucoup souffert en mer de leur brutalité; en voici les causes : lorsque tous nos colis ont été embarqués, nos passe-ports visés, lorsqu'il ne nous était plus possible de reculer, Cabet et ses acolytes ont fait remettre tout l'argent qui restait à chaque partant ; ils dépouillèrent toutes les femmes de leurs montres, de leurs chaînes, bagues, boucles d'oreilles, anneau nuptial, porte-crayon, tabatière en argent ; tous les objets de quelque valeur devinrent leur proie ; moi seul je leur résistai ; je ne voulus consentir à rien ; je restai possesseur de tout ce que j'avais, mais peu s'en est fallu qu'il ne m'en coûtât la vie et à ma femme. A peine étions-nous en mer qu'on nous a refusé tout ce qui est nécessaire à la vie ; nous étions tous les deux retenus dans le lit par la maladie sans pouvoir nous lever ; personne ne nous donnait rien. Notre ami Bernous ne pouvait rien obtenir pour nous ; désespéré de ne pouvoir nous soulager, il s'adressa à des bourgeois passagers qui consentirent à lui vendre quelques aliments, mais en petite quantité ; au bout de cinq jours, nous fûmes tous deux hors de danger. Lorsque nous pûmes sortir, des religieux, logés sur l'avant du navire, nous vendirent à peu près tous les vivres dont nous pouvions avoir besoin, ce qui n'empêcha pas que notre santé ne fût fortement ébranlée. Il n'est pas besoin de vous dire que je me suis hâté de me séparer d'une telle société, car nous avons été menacés d'être jetés en mer ; mais nous avons paré le coup, car moi et Bernous nous étions armés jusqu'aux dents, comme vous le savez. Bref, toute cette canaille a eu le sort qu'elle méritait : en disant tout, il faut cependant en excepter une douzaine, qui sont d'honnêtes gens : je pourrais citer les personnes venues de Grenoble ; ceux de Givors, de Rive-de-Gier, Sablon, de Lyon, Mognier, de Paris ; mais la majorité sont tous des gens de la pire espèce.

» Pour en revenir à notre arrivée à la Nouvelle-Orléans, nous avons trouvé les débris de notre première avant-garde : tous ceux qui ont échappé à la mort sont plus ou moins malades ; ils sont enflés, et nous ont appris que huit d'entre eux étaient morts sur la route de Misaie, qu'ils en ont laissé une partie malades dans les fermes ; d'autres sont à l'hôpital. Il fallait voir le désespoir peint sur tous les visages : toutes les femmes pleuraient ; les unes ont perdu leur mari, les autres leur frère, leur fils. On n'entend que des plaintes, que des cris de tristesse. En effet, on ne peut pas mieux décrire notre détresse qu'en la comparant à la déroute de l'armée française en Russie en 1812 ; moi je la crois encore plus triste, parce que, en Russie, il n'y avait que des hommes, tandis qu'ici nous avons moitié femmes et un tiers d'enfants. Plusieurs de ces femmes sont enceintes, les autres allaitent leurs enfants ; c'est à m'en arracher l'âme. Ce sont deux ou trois cents familles entièrement ruinées. Aussitôt que nous avons été à terre, ma femme a couru chez le consul français et obtenu l'autorisation de nous faire rembourser quelques centaines de francs, avec quoi, et une partie des effets que nous allons vendre, nous espérons retourner en France, sitôt que notre santé le permettra, car nous sommes tous malades ; nous avons provisoirement loué une petite chambre de douze pieds carrés, 52 francs et

50 centimes par mois. Les vivres sont fort chers ; la ville est mal bâtie, malpropre et très-malsaine ; la viande vaut le même prix qu'à Paris, mais tout le reste se vend au moins le double. Nous sommes dans une triste position ; cependant nous espérons bientôt reprendre la mer et avoir encore le plaisir de vous voir tous et de vivre encore assez longtemps pour vous prouver que je suis entièrement guéri de la communauté.

» Au surplus, je pense être à Paris dans les premiers jours de mars ; je pourrai vous donner tous les renseignements convenables. Les honnêtes gens qui se trouvaient avec nous ont fait comme moi, ils se sont séparés de la société, mais la misère les accable ; les autres ont loué une grande maison ou magasin ; ils sont tous entassés dedans ; ils mangent le restant des vivres du navire ; ils attendent les autres, qui doivent bientôt venir mettre le comble à la misère qui les tourmente déjà cruellement. Je viens d'apprendre par Sablon, de Lyon, qu'ils se sont battus dans leur nouveau domicile pour la distribution des vivres. Ainsi, comme vous le voyez, tout est à peu près perdu quant à la colonie, deux à trois cents familles se trouvent complétement ruinées de fond en comble.

» Nous vous embrassons de bon cœur, vous tous qui êtes à Paris, en attendant de vous revoir, s'il plaît au ciel, vos tous dévoués frère, belle-sœur, nièce et ami, car Bernous ne nous a pas quittés, et croyez-moi pour la vie votre frère.

» *Signé*, BERTRANT MARC-ANTOINE. »

«Chère cousine, si Dieu veut que nous ayons une heureuse traversée, j'espère bientôt te revoir, afin de pouvoir te serrer dans mes bras. Je ne me rappelle que trop de tout ce que tu m'avais prédit, malheureusement tout nous arrive à la lettre. Nous sommes dans une triste position.

» Je te salue, ta cousine.

» *Signé*, VICTORINE BERTRANT.

» Nouvelle-Orléans, 1er décembre 1848. »

Au rédacteur du *Constitutionnel*.

» Dès l'instant que j'ai acquis la certitude que M. Cabet faisait un trafic des lettres d'Icarie en publiant les unes, s'abstenant pour les autres; dès l'instant que j'ai su qu'elles étaient toutes décachetées au bureau, j'ai été indigné, j'ai perdu toute confiance.

» Que les Icariens réfléchissent sur ce qui suit : Quand nous sommes partis au mois de juin, M. Cabet nous dit que Gouhenant est un traître, un mouchard, un infâme. Je fus bien surpris, trois mois après, de voir M. Cabet se gonfler d'une lettre adulatrice, dans laquelle Gouhenant le mouchard lui disait : « Viens, » père, viens en Icarie, il n'y aura pas assez de fleurs » pour te tresser des couronnes, » etc. Je demande à M. Cabet qu'il publie le tableau des recettes et des dépenses de l'émigration, que chaque somme envoyée soit inscrite avec les initiales des personnes qui les ont fournies, qu'il en soit de même pour les montres, couverts d'argent, bijoux, etc. Je demande aussi qu'il publie le texte et la légalisation du titre de la concession d'un million d'acres de terre. Ayant donné 600 francs et une chaîne en or, ayant souffert pour aller et revenir d'Icarie, j'ai le droit d'interpeller M. Cabet.

» J'ai l'honneur de vous saluer.

» POPÉ,
» Membre de la 2ᵉ avant-garde. »

A la suite de cette série de lettres, vient un article d'un journal de la Nouvelle-Orléans, qui joint son témoignage à celui des signataires.

« Une trentaine de colons sont encore arrivés de France dimanche dernier pour aller refonder l'Icarie. L'aveuglement de ces pauvres gens est vraiment incompréhensible, car nos lecteurs savent que tous ceux qui étaient déjà partis pour la terre promise ont été obligés de la quitter, et n'ont pu regagner qu'à grand'peine notre cité, où la plupart d'entre eux sont dans la plus grande misère.

» Les nouveaux arrivants ont rencontré ceux qui les avaient précédés, et ces derniers leur ont fait le triste tableau de la situation horrible dans laquelle ils se trouveraient s'ils continuaient leur route jusqu'au Texas. Vous croyez peut-être que cela a effrayé les nouveaux colons ! Non pas. Il faut que ces malheureux aient été fanatisés par M. Cabet. Ils ont beau voir ces hommes décharnés, déguenillés, que M. Cabet a trompés ; on a beau crier : N'allez pas plus loin ! rien ne les arrête. Ils ne croient pas aux paroles de leurs anciens compagnons, et le tableau des souffrances qui les attendent est, à leurs yeux, un affreux mensonge que le gouvernement français fait raconter ici par des agents payés afin de les empêcher de fonder une colonie icarienne.

» Pauvres fous ! Quelques-uns, pourtant, ont enfin pensé qu'il pouvait bien y avoir quelque chose de vrai dans ces récits ; car si l'Icarie était un pays de félicité éternelle, comment ces gens, partis avant eux, l'auraient-ils quitté pour venir ici mourir de faim et de misère ? Beaucoup eussent bien voulu rester ; mais, avant de partir, ils avaient eu la naïveté de donner leur argent aux agents de M. Cabet, et ils voulaient, au moins, qu'on le leur rendît en partie. Mais la bourse de M. Cabet est un gouffre beaucoup plus profond que celui de l'Océan sur lequel il envoie ses adeptes ! Et quant aux malheureux élus arrivés dans ce pays enchanteur, la terre des dieux, ils ont beau envoyer M. Cabet à tous les diables, M. Cabet n'en poursuit pas moins son chemin, envoyant de nouvelles recrues qu'il a soin de dépouiller comme les autres. Et pour lui, ses seules occupations sont d'en faire le plus possible, de les accompagner jusque sur le navire de l'embarquement et de leur donner sa bénédiction.

» Les nouvelles victimes qu'il nous envoie n'ont pu obtenir un sou, bien entendu, pour rester ici, et alors ces malheureux se sont décidés volontairement à pousser jusqu'au Texas, nouvelle folie de leur part, à notre avis.

Ces gens-là n'ont pas raisonné. Le cabétisme est complet chez eux !

» Si ces malheureux avaient un peu réfléchi, ils auraient compris qu'il fallait de suite prendre leur parti d'avoir été trompés ; s'ils s'étaient mis sur-le-champ à travailler, ils eussent refait leur fortune, au lieu d'aller souffrir deux ou trois mois et revenir ici malades et demandant l'aumône.

» L'un d'eux, faisant partie de la deuxième avant-garde, et qui a aujourd'hui du communisme « plein le dos, » comme il le dit poétiquement, nous disait qu'il n'y avait pas d'esclavage aussi dur que le communisme en action ! On ne peut s'en faire une idée ! Ainsi, il n'y a pas de soupe pour tout le monde, on la donne aux chiens, afin de ne pas faire de jaloux parmi les communistes. A table, ce n'est pas son assiette qu'on regarde, mais celle de ses voisins, et l'on trouve toujours leurs « pitances » plus grosses et meilleures que la sienne ! Il faut que chacun ait le même appétit et les mêmes goûts, car les morceaux sont pesés, et tout le monde doit manger du même plat ! Tant pis si vous avez bon appétit, vous n'avez que votre portion, et ceux qui (chose rare parmi les communistes), n'ayant pas faim, ne mangent pas tout, donnent le reste aux chiens, toujours pour ne pas faire de jaloux dans la société. On nous avait prêché qu'Icarie était une ville « mirobolante, » auprès de qui Paris, la ville de luxe, Capoue, la ville des délices, étaient de la Saint-Jean ! Il y avait déjà plusieurs mois que la première avant-garde nous avait devancés, eh bien ! quand nous sommes arrivés, nous n'avons trouvé que quelques huttes ouvertes à tous les vents et à toutes les intempéries des saisons! Et nos devanciers étaient dans le plus grand dénûment et la plus grande des misères.

» Ils avaient dû, nous dit-on, ensemencer des milliers d'acres de terre! Qu'avaient-ils mis en culture? Cinquante lieues carrées de terrain où ils avaient planté cinq cents radis, dont on n'a « jamais vu la queue d'un seul même..... » Voilà ce qu'est l'Icarie, le pendant du Botany-Bay de la Grande-Bretagne! « Seulement, au lieu d'y envoyer vivre des voleurs, on y envoie mourir des volés. »

» Voilà comment s'exprime l'ex-communiste sur la terre promise. »

C'en est assez, ce nous semble, pour le citoyen Cabet! Sentant que sa position ne serait plus tenable en France, après des révélations de cette nature, il s'est décidé à partir pour le Texas! Grand bien lui fasse! Nous le trouverons assez puni, si, réellement soumis à la règle commune, il y va partager le bonheur de ses frères!

CHAPITRE CINQUIÈME.

LEDRU-ROLLIN JUGÉ PAR RASPAIL ET PAR LUI-MÊME.

> Reconnaissez l'artiste à des preuves certaines,
> Et le sang des Comus qui coule dans ses veines !

Comus était, dit-on, un grand escamoteur !… Il est douteux pourtant qu'il fît mieux que son petit-fils, à qui l'on ne peut du moins contester l'avantage d'opérer devant un public bien plus nombreux et sur un théâtre de proportions bien différentes !…

Qu'escamotait d'ailleurs le grand-père de M. Ledru ? une muscade, une montre, un mouchoir, un oiseau… Quand le petit-fils se retrousse les manches, c'est autre chose !… gare à l'Europe ; il s'agit d'une révolution !…

Malheureusement il faut, pour garder son prestige, bien cacher ses fils et bien choisir ses compères !… et, sur ces deux points d'une importance si évidente, le petit-fils a commis des fautes irréparables !… Aller donner sa recette en plein tribunal, et prendre pour compère un bavard comme Longepied ! voilà de ces étourderies que n'eût jamais faites Comus ; on ne laisse pas voir ainsi le fond du gobelet !…

Il y a quinze jours à peine, devant la haute cour de Bourges, M. Ledru-Rollin, appelé en témoignage, prétendait n'avoir pas deviné l'intention des émeutiers qui venaient envahir l'Assemblée, sous prétexte de lire une pétition pour la Pologne!... puis, comme cet envahissement du palais Bourbon lui rappelait un événement de même nature auquel il se glorifiait d'avoir pris sa bonne part, il oublie tout à coup la prudence du témoin pour se laisser entraîner par l'amour-propre de l'artiste, et, avec l'aplomb d'un docteur en fait d'émeutes, le voilà qui explique naïvement à la cour comment il convient de s'y prendre pour escamoter un trône, une régence, ou un gouvernement provisoire!

« Croyez-vous donc, dit-il, que les révolutions se fassent en disant le *mot* pour lequel elles se font ?... pas le moins du monde! On s'empare de toutes les circonstances qu'on juge propres à émouvoir l'opinion publique, et *à l'aide d'un tour de main, le gouvernement est renversé!...* »

La phrase est textuellement extraite, on peut nous croire, de la déposition de M. Ledru-Rollin; nous nous serions fait scrupule d'y changer une syllabe! il y a de ces choses qu'on ne peut que gâter en y touchant!

L'effet fut prompt et général sur l'auditoire, et le témoin, qui s'en aperçut, s'arrêta!... quel dommage! il avait tant d'exemples personnels à citer!...

Puis, comme, ainsi que nous l'avons dit tout à l'heure, il avait eu le tort de mal choisir ses compères, voici ce que la maladresse de l'un d'eux permit à Raspail de révéler à la cour!

« Lorsque nous avons été conduits à Vincennes, pendant trois jours nous sommes restés couchés par terre sur la paille, sans couverture presque, et pourquoi? c'est parce que nous connaissions les coupables et qu'on avait peur que nous ne les nommions.

» Je vais vous les nommer cependant.

» Ainsi, je demanderai ce que c'était que le Club des Clubs, le club centralisateur dont on a tant parlé, le savez-vous? Il appartenait à M. Ledru-Rollin, M. Ledru-Rollin, qui lui avait donné 100,000 francs appartenant à l'État, et l'avait chargé d'influencer les élections. Longepied et Huber étaient à la tête de ce club ; il était officiel en quelque sorte. Longepied a été saisi avec nous ; on l'a conduit à Vincennes, puis il a été mis en liberté. Si on ne me croyait pas, je vais vous en donner la preuve.

» Longepied était détenu à la Conciergerie ; un jour il écrit à Lamartine et à Ledru-Rollin : « Je veux sortir de prison. » Sa lettre reste sans réponse. Il en écrit une autre, dans laquelle il dit à Lamartine et à Ledru-Rollin : « Si dans deux heures je ne suis pas sorti, je parlerai, et dans quatre heures vous occuperez ma place. » Deux heures n'étaient pas écoulées, que Longepied et Danse étaient mis en liberté. »

M. Raspail ajouta : Je n'accuse personne ; je dis ce que je sais ; et vous laisse le soin de juger !

Ce qu'il disait à la cour, nous le disons au public, et le jugement n'est pas difficile à prévoir.

CHAPITRE SIXIÈME.

BLANQUI JUGÉ PAR BARBÈS.

Qui ne connaît pas *Blanqui ? Blanqui* le conspirateur ! *Blanqui* le chef du fameux club de la rue Bergère !... *Blanqui* le montagnard, le terroriste par excellence, qui accusait *Ledru-Rollin* de modération, et voulait jeter dans la Seine, ou sur le pavé, une bonne moitié du gouvernement provisoire !...

Avec cette habitude de faire des conspirations qui était devenue pour lui une seconde nature, on pense bien que, sous la monarchie de 1830, il avait dû se faire condamner plus d'une fois. Mais comme, en ce bas monde, on finit par se lasser même de choses plus agréables que la prison, il paraîtrait que, pour obtenir sa liberté, sous forme de translation dans une maison sanitaire, le farouche républicain aurait consenti à raconter quelques anecdotes instructives sur le compte de ses camarades de conspiration ! et comme, par le temps qui courait, ce genre d'anecdotes ne pouvait manquer d'offrir un certain intérêt, il s'était fait un plaisir d'admettre à les entendre non-seulement M. le ministre de l'intérieur, très-friand, par état, de pareilles confidences, mais encore M. le président de la cour des pairs, en compagnie de M. le procureur-général et d'un greffier archiviste de la noble cour !

Puis, comme il devait se dire, dans cette conférence, une foule de choses qu'il eût été fâcheux d'oublier, M. Blanqui voulut bien permettre à l'archiviste de tenir, en l'écoutant, une sorte de procès-verbal, en foi du plaisir qu'on éprouvait à l'entendre !

Enfin, comme la mémoire de M. Blanqui paraissait meublée d'une foule de souvenirs qui pouvaient défrayer plus d'une conférence, il consentit à deux autres conversations dans la même forme et en présence des mêmes auditeurs !...

C'était du moins ce qui paraissait résulter d'un document trouvé, le 24 février 1849, dans le cabinet du secrétaire de M. Guizot. Ce document n'était autre que le procès-verbal des trois conversations que nous venons de mentionner. — Il portait pour titre : *déclarations* faites par *Blanqui* devant le ministre de l'intérieur, et pour dates les 22, 23 et 24 octobre 1839.

Cette pièce tomba entre les mains de M. *Taschereau*, grand amateur d'autographes et de documents historiques, au moment où *Blanqui* effrayait tout Paris par la violence de ses discours au club de la rue Bergère ! Démasquer un tel homme dans un pareil moment, c'était évidemment un acte de courage. M. Taschereau n'hésita pas à l'accomplir. Sûr de l'authenticité de cette pièce accablante, il la publia dans sa Revue rétrospective.

Le coup était rude ! Blanqui, d'abord décontenancé, comprit bientôt qu'il lui fallait payer d'audace, et il démentit le fait qui lui était imputé, — accusant M. Taschereau de s'être fait l'organe d'une calomnie.

Résolu à pousser l'affaire jusqu'au bout, M. Taschereau prit l'initiative d'un procès qui, si M. Blanqui eût accepté le combat, devait tourner à la confusion du coupable ; mais Blanqui ne se prêta pas plus à cette épreuve qu'à la constitution d'un tribunal d'honneur que lui avaient fait proposer ses anciens amis.

Les choses en étaient là quand arriva le 15 mai, et il résulte des débats du procès de Bourges qu'un des premiers soins de Blanqui en cas de succès, eût été de se délivrer de M. Taschereau !

Mais dans ces mêmes débats, à côté de Blanqui, figurait Barbès, qui depuis longtemps déjà était parfaitement édifié sur son compte. Pendant quinze jours Barbès se contint en sa présence ! à la fin, pourtant, l'indignation l'emporta, et, devant la cour, se passa la scène suivante :

HAUTE COUR DE JUSTICE (Bourges).

Audience du 2 avril.

BLANQUI. — Je dis qu'on me fait une guerre inexorable. On a remonté jusqu'au 12 mai 1839 pour me charger.

Nous étions deux, nous sommes deux encore ici, l'un qui ne se défend pas.

BARBÈS, avec colère. — Je vous défends de parler de moi ! (Mouvement.)

BLANQUI. — Non, je ne le ferai pas.

L'accusé revient de nouveau sur la manifestation du 16 mars ; il arrive à parler de la publication de la *Revue rétrospective*, qu'il assure avoir été délibérée en conseil des ministres.

BARBÈS, avec irritation. — J'en ai parlé dans une autre enceinte, j'en parlerai encore ici, mais cela se videra entre nous. (Sensation).

FLOTTE, se levant d'un air menaçant. — Oui, cela se videra entre nous.

BARBÈS, d'un air dédaigneux. — Quand vous voudrez.

FLOTTE, dont les yeux lancent des éclairs de colère, adresse quelques mots qui nous semblent être des injures à Barbès. Ce dernier paraît les entendre avec un profond mépris.

BLANQUI. — Mais, Flotte, tais-toi donc, que diable ! qu'est-ce que c'est que ça ?

RASPAIL. — Il faudrait éviter de traiter de pareilles questions.

M. LE PRÉSIDENT. — Accusés, au moins respectez-vous les uns les autres.

BARBÈS. — Tout à l'heure, je suis intervenu, malgré ma volonté, dans l'accusation. On a déclaré que ce que j'avais dit dans une autre enceinte était faux. Sur mon honneur, j'affirme que ce que j'ai dit dans le club de la Révolution est vrai ; cette pièce contient la vérité entière, elle émane de celui qui en est accusé.

FLOTTE. — As-tu fini ?

BARBÈS. — On a fait exprès d'attendre la fin des débats, en laissant à dessein échapper toutes les occasions de protester ; on a voulu profiter de la fin des débats, d'un discours étudié pour protester, et pouvoir dire plus tard : J'ai dit cela devant Barbès ; il n'a pas protesté. (Avec force.) Je veux qu'on parle ! je suis prêt à répondre, moi !

FLOTTE. — Barbès, tu t'es déshonoré aujourd'hui ! (L'accusé veut se précipiter sur Barbès ; les gendarmes le retiennent.)

BARBÈS. — Flotte, tu es le séide d'un...

FLOTTE, menaçant. — Va, je t'arrangerai !

BARBÈS. — Oui, en attendant... (Se reprenant.) — Il ne s'agit pas de menacer ici.

BLANQUI, avec un grand calme. — Ce qui s'est passé ici est tout à fait indépendant de ma volonté. Cet incident sera vidé ailleurs.

BARBÈS. — Il m'importait de ne pas acquiescer à un démenti donné à une parole fermement dite, et que je maintiens ; je la répéterai ici dans l'intérêt de mon parti, qui se compose d'hommes qui peuvent se présenter le front haut partout. Puisqu'on fuit les débats ici, je vais passer à ce qui me concerne.

BLANQUI. — Je ne fuis pas les débats. (Marques de curiosité.)

BARBÈS. — Pourquoi cet individu a-t il été gracié en 1846 ? Qu'il s'explique ; je le sais, moi. Il y avait une pièce de révélation, voilà le motif de sa grâce.

BLANQUI. — Ma grâce a été donnée sur un rapport de médecin qui déclarait que je n'avais pas huit jours à vivre. Cette grâce, je l'ai refusée et suis resté en prison.

BARBÈS. — La France entière saura enfin si cet homme est sorti de prison le 24 février, comme il le dit ; il est tellement certain qu'il est sorti avant, qu'il écrivait de Blois des lettres dans lesquelles il se plaignait des mouchards qui l'espionnaient ; il était dans un hôpital, c'est vrai, mais un hôpital magnifique, mangeant aux frais du gouvernement, chevauchant tout à son aise, sortant quand il lui plaisait. Quand moi, j'ai été malade, est-ce qu'on m'a fait grâce ? Parquin, Jouve, Jeanne, ne sont-ils pas morts en prison ? Tout le monde le sait ; moi, j'ai été excessivement malade, on ne m'a pas mis en liberté. Qu'on s'explique donc ! Je soutiens, moi, que ces révélations ne pouvaient sortir que d'un seul individu, qui est là.

FLOTTE. — Le dernier soldat de la société a pu le dire.

BARBÈS. — Est-ce que le dernier soldat de la société pouvait savoir les opinions intimes de Raisan, par exemple !...

Barbès s'interrompt subitement pour lire un papier que Flotte lui passe.

BARBÈS, souriant d'un air dédaigneux. — C'est une provocation !... (Il roule le papier et le jette sous ses pieds.)

FLOTTE. — Tu verras !...

M. LE PRÉSIDENT. — Taisez-vous.

FLOTTE. — On a bien laissé parler Barbès.

BARBÈS. — On va laisser parler celui que j'accuse. Je demande qu'il me réponde, s'il le peut. Je demande la parole pour lui...

BLANQUI. — Après ma grâce, je suis resté en prison jusqu'à quelque temps avant la révolution de février. Je suis bien aise que cet incident ait été soulevé ; je déclare que j'aime mieux les haines avouées que les haines sourdes.

BARBÈS. — Vous savez mon opinion depuis long-temps, du reste.

BLANQUI. — J'en appelle à l'opinion publique, mais non à celle qui se produit dans les clubs. Il existe contre moi des haines profondes.

BARBÈS. — Très-bien, très-bien ! En attendant, je réponds : quand mon accusation a reçu de la publicité, quand j'ai dit mon opinion en plein club, aussitôt un jury d'honneur s'est formé pour examiner la personne ; elle a été sommée de venir et elle n'est pas venue, voilà tout. . . . .

Et de sept... condamnés par leurs pairs cette fois...
Quand nous serons à dix, nous ferons une croix !

CHAPITRE HUITIÈME.

HUBER JUGÉ PAR LA POLICE DE CAUSSIDIÈRE.

Partout où l'on conspire en culottant des pipes le nom d'Huber est en profonde vénération. Chez les gargotiers et les logeurs à la nuit, *Blanqui* lui-même, *Blanqui* n'est pas plus populaire! Au 15 mai, tout Paris l'a pu voir, comme nous, guider sur les boulevards, du haut de son tilbury, les clubistes marchant à la prise de l'Assemblée! et ceux qui ont eu le bonheur de l'entendre à la tribune prononcer la dissolution de la représentation nationale, ceux-là seuls peuvent avoir une idée de l'empire qu'il exerçait sur ses bataillons en guenilles!

Et comment ne l'eût-il pas exercé cet empire? — Quel républicain de la veille ou de l'avant-veille avait donné plus de gages à son parti? quelle âme avait fait preuve d'une haine plus profonde pour ces monstres sauvages que l'on appelle *rois?*

Condamné une première fois à la suite d'un complot, il avait obtenu, de la clémence royale, la remise de cinq années de détention. Mais avait-il hésité, dès le lendemain, à conspirer de nouveau contre la vie de Louis-Philippe? ne marchait-il pas au premier rang des patriotes que les lauriers de Fieschi empêchaient de dormir, et n'était-il pas allé jusqu'en Angleterre pour y confectionner, sans craindre la police, une machine infernale à l'usage du tyran!... Si de pareils exploits ne l'eussent pas mis en faveur, il eût fallu désespérer à tout jamais de la justice et de la reconnaissance des montagnards! mais, grâce au ciel, elles ne lui avaient pas fait défaut!

Voyez pourtant ce que peut la rage d'imitation! M. Taschereau se donne-t-il le malin plaisir de démasquer publiquement le citoyen Blanqui, c'en est assez pour donner à un secrétaire de *Caussidière* l'envie de faire aussi sa révélation! et comme il faut toujours, ainsi que chez Nicolet, s'arranger pour aller de plus fort en plus fort, le voilà qui prétend faire du fameux *Huber* mieux qu'un révélateur à la façon de Blanqui; il le pose en bel et bon agent provocateur et se permet de produire des preuves à l'appui!...

Il est vrai, nous devons nous empresser de le reconnaître, qu'aussitôt que maître Huber se fut vu contester ses droits si légitimes au titre d'assassin, il se hâta d'accourir pour les revendiquer, et nous espérons bien le voir prouver à la cour, que c'était le plus sérieusement et le plus loyalement du monde qu'il voulait faire sauter, avec toute sa famille, l'infâme tyran qui s'était permis de le gracier!...

En attendant cette réparation d'honneur, notre impartialité nous force à publier les pièces qui furent produites devant la cour de Bourges, et dont les originaux sont à la préfecture.

M. MONNIER (Michel), trente-sept ans, ex-secrétaire général de la préfecture de police.

Je ne sais rien sur le 15 mai. J'ai trouvé à la préfecture de police un dossier relatif à Huber, je l'ai ouvert; il y a quelques jours, M. Raspail fils est venu me demander si j'en avais des copies, j'ai dit que oui.

RASPAIL. — Je renonce à l'audition de ce témoin, par cette raison que Huber n'est pas présent. S'il avait été ici, j'aurais eu besoin de M. Monnier.

M. LE PRÉSIDENT. — Témoin, expliquez-vous.

LE TÉMOIN. — En 1838, Huber avait trempé dans le complot Grouvelle, qui avait pour but d'assassiner le roi. Le dossier dont je vous parle contient deux lettres et un rapport. Huber déclare dans le rapport que le complot ayant pour but d'assassiner le roi a été organisé par lui, afin de se faire acheter par la préfecture de police.

J'ai là des copies de ces lettres, et une analyse du rapport de Huber; les originaux sont à la préfecture de police.

D. A quelle époque avez-vous découvert ces pièces ? — R. Trois mois après le 15 mai. J'en ai parlé de suite au préfet, M. Ducoux.

Le greffier, sur l'ordre du président, donne lecture de ces lettres et de l'extrait du rapport.

Première lettre.

(Signée Huber et adressée au préfet de police.)

Monsieur le préfet,

Avant mon départ de Paris, je vous prie de m'accorder une audience particulière, mais surtout que mes communications avec vous ait (*sic*) lieu dans une autre prison que celle de mes coaccusés, afin qu'ils ignorent complétement nos relations.

Deuxième lettre.

Beaulieu, le 10 août 1838.

Monsieur le préfet,

Grâce à la réponse du ministre qui m'accorde l'autorisation d'écrire, j'ai terminé le travail que je vous avais promis ; il y a plus que la preuve de ce que je vous ai avoué et de ce que vous m'avez demandé à notre dernier entretien. Je n'ose le confier à la poste. Veuillez donc avoir la bonté de m'enseigner un autre expédient plus sûr, afin que je puisse vous l'envoyer de suite.

Résumé d'un rapport mentionné dans la lettre datée de Beaulieu, le 10 août 1838, et adressée, sous la signature de Huber, au préfet de police.

Après avoir antérieurement obtenu une remise de cinq années de prison, Huber part pour Londres, et, pour prendre, dit-il, service au roi, s'engage dans le complot Steuble, Grouvelle, etc.; à la fin d'août 1837, au moment où les plans de la machine étaient terminés, et où le complot allait prendre une certaine consistance, Huber, sans en donner avis à la demoiselle Grouvelle, et malgré les sollicitations de Steuble, qui le prie de ne pas le quitter, part pour la France.

(Le préfet averti n'avait pas agi, voulant le laisser aller jusqu'au moment de l'exécution pour le prendre en flagrant délit. L'arrestation aurait donné l'éveil à Steuble, qui était encore à Londres avec ses plans.)

Un mois plus tard, Huber, rappelé par Steuble, repart pour Londres et en informe le préfet par une lettre.

Cette fois encore, il ne fut pas arrêté et il s'en plaint au préfet (on a vu plus haut pourquoi le préfet différait : la police devait attendre, pour agir, de pouvoir saisir le principal coupable avec les plans et sa machine).

Quelque temps après, Steuble part pour Amsterdam. Huber revient à Paris, laissant à Londres les plans qu'il avait enlevés à Steuble, sans donner avis cette fois de son retour au préfet, pensant, dit-il, que le complot était anéanti.

Steuble revient à Paris. Huber, sur l'invitation de la demoiselle Grouvelle, retourna à Londres pour en rapporter les plans. Arrivé à Londres, il écrit, en date du 2 décembre, au maréchal Sébastiani, une lettre signée *Vallet,* par laquelle il le prévient que le nommé Huber part le lendemain pour Boulogne. Arrivé à

Boulogne, il s'étonne de n'être pas arrêté. Il laisse alors tomber son portefeuille qui contenait une lettre à Leproux, laissée exprès pour éveiller les soupçons de l'autorité.

Il est enfin arrêté et écrit de la prison qu'il adresse au préfet de police les explications qui précèdent. Le rapport se termine ainsi :

« Je n'ai pas oublié un seul instant ce que je devais au roi, et la preuve, c'est que, depuis l'amnistie, je lui ai sauvé deux fois la vie. Je n'ai fait que remplir un devoir, il est vrai, mais je l'ai fait par gratitude quand d'autres l'auraient fait par calcul ; maintenant je pense que le roi n'oubliera pas non plus ce que j'ai fait *pour lui.* »

CHAPITRE NEUVIÈME.

CAUSSIDIÈRE JUGÉ PAR CHENU.

Si c'est de l'aveu de *Caussidière* que M. Monnier a divulgué le métier du citoyen Huber, il faut convenir que le tour n'est pas d'un bon chrétien!... Mais lui, Caussidière, comment s'était-il vu traiter dans une circonstance au moins aussi délicate!... et, sacredieu!... comment avoir de l'indulgence quand on a été soi-même si peu ménagé!...

Après le 15 mai, alors que ce bon monsieur Caussidière tenait tant à nous faire apprécier sa franchise et les services qu'il avait rendus au pays en se renfermant dans sa préfecture de police pendant qu'on attaquait l'Assemblée nationale, par qui fut-il chargé dans le cours de l'enquête? La sagesse des nations a bien raison de le dire; hélas! on n'est jamais trahi que par les siens! Voici ce que ne craignit pas de déposer sur son compte un de ses plus vieux amis, le citoyen Chenu!

*1ᵉʳ Conseil de guerre permanent de la
1ʳᵉ Division militaire.*

Cejourd'hui, 3 août 1848, a comparu : Chenu (Adolphe), cordonnier.

« ..., Lorsque je revins d'Allemagne, je n'ai pas tardé

à apprendre que le même parti qui avait échoué au 15 mai songeait à une collision définitive dont le but était de mettre le pouvoir entre les mains des ouvriers, c'est-à-dire du peuple , et d'anéantir la bourgeoisie.... Ce que j'affirme, c'est que l'insurrection a eu pour chefs Louis Blanc , comme représentant les ouvriers ; Caussidière, comme représentant la partie de la population qu'il avait armée, et le socialisme et le communisme par les présidents de tous les clubs... Le 21 juin, tous les présidents des clubs et les principaux chefs se sont réunis dans un café, près de l'École de Médecine, et à côté de la Taverne (ancienne). Caussidière, qui avait assisté le soir même à la séance d'un club, s'est trouvé à cette réunion ; j'ai tout lieu de croire que le plan de l'insurrection a été arrêté entre ces divers chefs ce soir-là même ; mais déjà, et depuis longtemps, on avait obtenu, soit au ministère de la guerre, des amis d'un sieur Favreau, soit à la Préfecture de police, tous les documents nécessaires pour construire des barricades dans tout Paris. Le plan dressé autrefois à la Préfecture de police par les soins de M. Delessert, pour arriver à l'occupation de Paris, d'après les idées du maréchal Bugeaud , avait notamment servi à désigner les endroits favorables aux barricades, et à l'attaque ou à la défense. Le sieur Grandménil , qui, en toute circonstance, agissait de concert avec Caussidière, et qui lui donnait le plus souvent des avis, avait activement travaillé à ce plan. Quant aux armes, depuis le mois de février dernier, on s'en était procuré une grande quantité ; les montagnards avaient fabriqué une grande quantité de cartouches, soit à la Préfecture de police, soit chez un opticien de la rue Rambuteau, soit enfin chez un sieur Turmel, marchand de vins, rue de Poitou, au Marais.

R. J'étais au nombre des douze personnes qui, dans les bureaux du journal la *Réforme*, ont, le 24 février dernier, après la prise des Tuileries, formé le gouvernement provisoire. Dans cette réunion, avec l'aide des voix de quelques hommes que je fis monter, les citoyens Ledru-Rollin, Louis Blanc, Flocon, Albert et François Arago (sans que je puisse affirmer si ce dernier a été nommé par notre réunion) furent désignés pour faire partie du gouvernement provisoire ; ensuite nous nommâmes le citoyen Arago (Étienne) directeur des postes, et le citoyen Sobrier ayant demandé à être préfet de police, alors qu'on désignait généralement le citoyen Caussidière, tous deux furent désignés pour le département de la police. Je suis allé installer le citoyen Arago à l'administration des postes, et je suis allé à la *Réforme* pour conduire Caussidière et Sobrier à la préfecture de police. Quant à moi, je fus nommé capitaine de la garde urbaine à créer, et pour laquelle j'amenais une centaine d'hommes, qui en forma le noyau. Le soir, étant réunis, Caussidière, Sobrier, Cabaigne, Grandménil et moi, on apporta au premier un ordre du citoyen Garnier-Pagès, maire de Paris. Caussidière l'accueillit avec colère, dit qu'il n'entendait pas se soumettre aux ordres de la mairie. Après cet incident, et sous l'impression du mécontentement qu'il avait causé tant à Sobrier qu'à Caussidière, tous deux, déjà mécontents de la tournure que prenaient les événements, arrêtèrent entre eux un plan pour rester maîtres du pouvoir. Je vais vous faire connaître ce plan.

On devait, d'une part, composer une force armée dont le point central de réunion serait à la Préfecture de police. Je fus chargé de ce soin, et, à cet effet, je convoquai pour le lendemain tous les chefs de groupes qui faisaient partie des associations antérieures. Chacun d'eux fournit environ et à peu près une centaine d'hommes qui ont formé les Montagnards. Je me réservai la formation de la garde urbaine, dans laquelle je ne voulus incorporer que ceux qui avaient combattu en février.

Quant à Sobrier, il fut chargé de former des clubs, de les armer, de les organiser de telle sorte qu'agissant de concert avec les troupes de Caussidière, ils constituassent un véritable pouvoir d'autant plus redoutable que, de leur côté, les citoyens Louis Blanc et Albert, qui n'avaient pas tardé à adopter ces idées, devaient, de leur côté, au moyen de leurs fonctions au Luxembourg, prendre un grand empire sur les ouvriers et organiser les masses. Par cette combinaison, les personnes que je viens de vous nommer devaient être maîtresses de la République et secouer le joug des autres membres du gouvernement provisoire.

Huit jours environ après la révolution de février, je fus appelé dans le salon de Caussidière pour y prendre le café; Sobrier, Blanqui, Barbès, Mercier et Tiphaine s'y trouvaient, après avoir dîné ensemble. Les plans

que je vous ai fait connaître plus haut étaient l'objet de
la conversation et paraissaient généralement agréés ;
mais comme alors on commençait déjà à se défier du
sieur de la Hodde, il fut convenu que les réunions ex-
térieures, au lieu d'être à la Préfecture de police, se
tiendraient au Luxembourg, dans la chambre d'Albert.
Un soir, je trouvai une convocation pour dix heures au
Luxembourg. J'y arrivai un peu après l'heure indiquée ;
de la Hodde était dans un coin ; là se trouvaient avec
Caussidière, Mercier, son beau-frère, Tiphaine, Sobrier,
Monnier, Albert, Pille, Grandménil qui présidait la
séance dans le salon d'Albert, et quelques autres personnes dont je ne puis me rappeler les noms. Après mon
arrivée, Caussidière prit un dossier volumineux et ac-
cusa de la Hodde, pièces en mains, de les avoir tous
dénoncés sous le gouvernement déchu ; il le somma de
se tuer, soit à l'aide d'un pistolet à quatre coups, qu'il
avait apporté, soit avec du poison qui était sur la table ;
il paraissait plutôt animé de la crainte de nouvelles révélations de la part de la Hodde que du désir de se
venger de ses anciennes dénonciations ; car de la Hodde,
parfaitement au courant des projets conçus dans les
premiers jours, s'était écrié : Ah ! c'est comme ça, eh
bien ! vous me le payerez !

De la Hodde refusa de se tuer, on voulut alors le
massacrer ; il fut même bousculé par les assistants ; mais
Albert ne voulut pas qu'un meurtre fût commis dans
son salon ; Monnier et moi, de notre côté, nous deman-
dâmes sa grâce, et on céda tant à nos explications qu'à
celles de de la Hodde ; il fut question de le forcer à se

tuer dans un fiacre. De la Hodde résistait toujours, en promettant de garder le silence. Enfin, il fut reconduit à la Préfecture de police, où Caussidière l'a fait garder en prison : j'ignore ce qu'il est devenu depuis.

Quelques jours avant la fin de mars, je reçus une lettre anonyme par laquelle on me prévenait que j'allais être arrêté si je ne quittais pas la France immédiatement. J'allai de suite à la Préfecture demander à Caussidière si c'était lui qui m'avait fait écrire ; il me répondit négativement ; mais il me prévint que j'étais en état de suspicion vis-à-vis de mes camarades ; que, pour éviter toute collision, je ferais bien de m'éloigner, et il m'offrit une mission en Belgique : elle consistait à révolutionner ce pays, à y introduire la République, tant à l'aide des corps francs déjà existants, et que je devais rejoindre à Seclin, qu'à l'aide d'enrôlements volontaires qui devaient être reçus à la Préfecture de police ; nous devions trouver des voitures d'armes près des frontières de la Belgique, ainsi que des munitions. Mon état de santé ne me permit pas d'entrer en Belgique avec la colonne qui s'est battue à Risquons-Tout. Voyant l'expédition manquée, je fus jeté comme les autres dans un wagon et ramené à Paris ; je restai une journée couché, par suite de mon état de souffrance ; le lendemain, Caussidière, auquel on avait fait la relation de ce qui s'était passé, furieux d'apprendre que je n'avais pas pris part à l'action de Risquons-Tout, me fit arrêter par deux agents de police. Arrivé au dépôt, je lui écrivis pour lui expliquer les causes de mon inaction ; il me fit répondre verbalement qu'il irait me trouver ; j'attendis trois jours inutilement; j'étais bien souffrant, exaspéré de l'injustice commise à mon égard; le quatrième jour, je lui écrivis une nouvelle lettre dans laquelle je le menaçais de révéler les circonstances particulières que je savais sur lui, s'il ne me faisait mettre en liberté, et je ne pus m'empêcher, en remettant cette lettre à la personne qui devait la porter, de faire connaître qu'à sa lecture Caussidière devait me faire mettre en liberté. Je fus effectivement relâché le soir même. J'attribue l'empressement de Caussidière à satisfaire à ma demande à ce que je pouvais dénoncer des faux commis par lui, et dont l'existence aurait été facilement prouvée par moi, puisque les pièces qui les constataient étaient entre les mains d'une personne qui venait fréquemment me voir et dont j'ignore le nom; mais je sais que ces faux ont été faits de complicité avec un nommé Meignotin, actuellement gardien de Paris, et qui, à plusieurs reprises, étant en état d'ivresse, proclamait hautement ces circonstances. Du reste, j'ai assez connu Caussidière pour savoir qu'avant la révolution de février, il était absolument sans ressources et qu'il vivait par des moyens répréhensibles.

Quel édifiant spectacle que celui de ce bon accord! et comme cela doit inviter la classe ouvrière à faire des barricades au profit de tels patrons!

Il nous faudrait un *in-folio* pour compléter l'intéressante galerie de leur état-major! Mais comme l'échantillon nous paraît suffisant, nous nous en tiendrons là cette fois, et, pour en finir, nous

nous dirons, avec le citoyen Proudhon, en lui laissant le mérite du style et de la pensée :

« A quel degré d'abaissement intellectuel faut-il que nous soyons parvenus pour que la critique se croie obligée, en l'an 1849, de remuer tout ce fumier ! Mais patience ! Ces misères sont la vermine dont la société se purifie aux flammes de la controverse ! Si le camphre, la salsepareille, le mercure, devenus, par l'art du pharmacien, les agents les plus précieux de la santé publique, honorent à jamais le génie médical, la critique des erreurs humaines, l'art de guérir les gangrènes intellectuelles peut avoir aussi sa valeur, si absurde que soit, du reste, le préjugé, si dégoûtante que se produise l'utopie !... »